Prologue

000

人は39歳までに一度オワコンになる。

40代以降を充実した人生にしたければ
自分のオワコンをさっさと認めることだ。
あるお笑い芸人の大御所は30代後半で
自分のオワコンを悟って映画監督になった。
ある研究者は30代後半で
自分のオワコンを悟って小説家になった。
私自身も30代で自分のオワコンを悟って今に至る。
自分のオワコンを誰よりも早く気づける人が人生の後半を楽しめるのだ。

2025年3月吉日　南《みなみ》青《あお》山《やま》の書斎から

千《せん》田《だ》琢《たく》哉《や》

CONTENTS

39歳までに知っておきたかった100の言葉
人生の成否を分ける「この世界の残酷な現実」100

Prologue

Part 1
LOVE

39歳までに知っておきたかった「恋愛の現実」

Part 2
BUSINESS

39歳までに知っておきたかった「仕事の現実」

Part 3 STUDY

39歳までに知っておきたかった「勉強の現実」

Part 4 MONEY

39歳までに知っておきたかった「お金の現実」

Part
5
FRIENDSHIP

39歳までに知っておきたかった「友情の現実」

Part

6

CAREER

39歳までに知っておきたかった「転職の現実」

Part 7

SUCCESS

39歳までに知っておきたかった「成功の現実」

Part

8

INFORMATION

39歳までに知っておきたかった「情報の現実」

Part
9
HEALTH

39歳までに知っておきたかった「健康の現実」

Part

10

LIFE

39歳までに知っておきたかった「人生の現実」

Part 1

39歳までに知っておきたかった
「恋愛の現実」

LOVE

001

39歳までに
知っておきたかった
「恋愛の現実」

伝わらなかった愛は、
愛ではない。

伝えたことが情報ではなく伝わったことが情報だ。
そして情報の「情」には「心」が入っている。
情報には何かしらの形で愛が含まれていなければならないということだ。
いつも恋が空回りしてしまうのは、
伝えたつもりになっているからかもしれない。
本気で愛を伝えたければ、具体的な行動と習慣でしか伝わらないだろう。

002

39歳までに
知っておきたかった
「恋愛の現実」

理想がどんどん高くなるのは、不安の裏返し。

人は年齢を重ねるごとに相手に求める条件が厳しくなっていく。
20代の頃はすぐに誰かを好きになれた。
しかし30代も後半になると人は誰もが相手の欠点を見つける天才になる。
自分の市場価値はどんどん下がっているのに、相手には完璧を求めてしまう。
これから一緒に成長しようと決断すれば即解決なのにね。

003

39歳までに
知っておきたかった
「恋愛の現実」

30代の恋愛こそ、本物の恋愛。

20代は肉体的に魅力があれば恋に落ちた。
30代は誰もが20代ほどには瑞々《みずみず》しくなくなる。
こればかりは自然の摂理だから抗《あらが》うことはできない。
ところが20代の頃よりも30代のセックスのほうが燃える。
20代のセックスはジャンクフード、
30代のセックスはグルメと言ったところか。

004

39歳までに
知っておきたかった
「恋愛の現実」

人生で一度くらい、
プロと寝てみるのもいい。

超絶美人や超イケメンに憧れているのであれば、一度プロと寝てみよう。
世の中には高級娼婦《しょうふ》や男娼《だんしょう》がいる。
奇跡的に授かった人生、何事も一度はやってみることだ。
そうすれば変な偏見や劣等感から解放されるかもしれない。
少なくとも何かしらの結果は出る。

005

39歳までに
知っておきたかった
「恋愛の現実」

結婚を当たり前だと考えない。

結婚という制度は自然の摂理ではなく人工の産物である。
人間の都合で作ったものであり、唯一絶対の正解では断じてない。
本心から結婚したくなければ結婚なんてしないという選択肢もある。
女性は必ず子どもを産まなければならないという義務は微塵《みじん》もない。
今後は「最初から別居婚」が増えると私は見ている。

006

39歳までに
知っておきたかった
「恋愛の現実」

老後が心配だから
と言って、
妥協の結婚をしない。

人生で何が辛《つら》いかと言って、妥協の結婚ほど辛いものはない。
妥協の結婚をすると妥協のセックスをしなければならない。
それでは本当は楽しいはずのセックスが拷問になってしまうではないか。
老後が心配だと言うが、老後まで生きていられる保証は誰にもないのだ。
妥協のセックスをしている最中に
人生の幕を閉じる可能性もあることをお忘れなく。

007

39歳までに
知っておきたかった
「恋愛の現実」

お見合い結婚のほうが意外に長続きする。

「お見合い結婚なんて恥ずかしい」「お見合い結婚なんて古い」
と感じる人は多い。
ところが恋愛結婚よりもお見合い結婚のほうが
長続きするというデータもある。
それはそうだろう。
恋愛結婚は結婚式をピークに下り坂、
お見合い結婚は結婚式をボトムに上り坂。
離婚率の上昇は、恋愛結婚率の上昇に比例している。

008

39歳までに
知っておきたかった
「恋愛の現実」

経済力さえあれば、
パートナーなんて不要。

子どもが欲しいのであってパートナーは要らないと
本心で思っている人は多い。
もっともなことだ。
そうした本心を実現させたければ経済力をつければいい。
経済力さえあれば結婚なんてしなくても自分で子どもを育てられる。
相手に依存しようとするから妥協の結婚を強いられるのだ。

009

39歳までに
知っておきたかった
「恋愛の現実」

「まだ結婚しないの？」
が口癖の連中とは
距離を置く。

帰郷するたびに「結婚はまだ？」と言われ続ける。
結婚したら結婚したで「子どもはまだ？」と言われ続ける。
出産したら出産したで「二人目はまだ？」と言われ続ける。
楽しい人生を歩みたければ、
そうした口癖が出た瞬間に中座して帰ってくることだ。
あなたを苦しめ続けるおバカさんたちには、きちんと態度で示さないとね。

010

39歳までに
知っておきたかった
「恋愛の現実」

ルッキズムから、
美学と哲学へ。

20代までは容姿だけで惚《ほ》れるのも仕方ないが、
30代でもそれを続けるのはちと痛い。
30代は20代よりは多少賢くなったはずだから、相手の知性に惚れなくては。
その人の生き様や思想に惚れなくてはミジンコの交尾と何ら変わらない。
人は考えるために生まれてきたのだ。
生殖器よりも脳のほうがずっとエロティックだと思うけどね。

Part 2

39歳までに知っておきたかった
「仕事の現実」

BUSINESS

011

30代で
世に出られなければ、
人生の前半戦は
負けたということ。

一切の綺麗事《きれいごと》を排除すると人生は戦いだ。
この揺るぎない事実をまずは受容しよう。
母親のお腹《なか》の中であなたがまだ精子だった頃から
すでに勝負は始まっていたのだ。
ホギャーと生まれてから最初の勝負は30代で完璧に決着がつく。
この世に生まれてから今日までの集大成で人生は決まる。

012

39歳までに
知っておきたかった
「仕事の現実」

「頭で勝負する世界」
へのエントリーは、
30代で終了。

建前ではなく本音では知的な仕事に就きたいと考えている人は多い。
そんな正直な人にこっそり囁《ささや》いておこう。
もし受験勉強に敗れても30歳から猛勉強を開始すればギリギリセーフだ。
30歳からの10年間で早慶（早稲田《わせだ》、慶應義塾《けいおうぎじゅく》）、旧帝大以上に入学するか
超難関国家資格を取得しよう。
もしやり遂げればあなたの人生に赤絨毯《あかじゅうたん》が敷かれることをお約束する。

013

39歳までに
知っておきたかった
「仕事の現実」

無能を〝かわいげ〟で
隠蔽し続けてきた人は、
40代以降で
通用しなくなる。

20代ならまだしも30代になっても
成功者のお先棒を担ぐような生き方はやめよう。
そんな醜い生き方をしていると、40代以降に何も収穫できなくなる。
つまり勝負の土俵から干されるというわけだ。
40代以降に輝きたければ何よりもまず実力が大切である。
無能を〝かわいげ〟でカバーしようとするのは、卑しい。

014

39歳までに
知っておきたかった
「仕事の現実」

40代からの独立は、体力的にしんどくなる。

私の父親はちょうど40歳で脱サラをして起業した。
彼の口癖は「もうあと10年早く独立しておくべきだった」である。
その後私が出逢《であ》った3000人以上のエグゼクティブたちも
異口同音にそう言った。
確かにこの教えは正しかったと断言できる。
私は父親より早く脱サラしたが、その頃からやり直せと言われたら、
ちょっと自信がない。

015

39歳までに
知っておきたかった
「仕事の現実」

部下は育てるのではなく育つもの。

採用・育成のタブーを伝授しよう。
部下が育たなくてもそれはあなたの責任ではない。
逸材は育てなくても勝手に育つし、
ダボハゼは何をやってもダボハゼのままだ。
あなたがサラリーマンであれば育てるふりだけして放っておけばよろしい。
ただし、逸材が育つ邪魔だけはしないように。

30代から年齢は関係なくなる。

優秀な人なら全員気づいているように仕事に年齢は関係ない。
できるヤツは20代でも抜群に仕事ができるし、
ダメなヤツは40代でもダメなままだ。
基本的に30代以降は年齢と仕事能力は比例しなくなると考えよう。
「若造のくせに生意気だ！」というセリフを
言ってはいけないし言われてもいけない。
もしそんなセリフを言う老害が同じ空間内にいたら、即刻絶縁すべきである。

0 1 7

仕事ができない相手とは距離を置く。

人間性という言葉に逃げてはいけない。
なぜなら人間性なんて個人の主観に過ぎないし、
無能な人ほど〝いい人〟だから。
30代になれば誰もが気づくだろうが、
〝いい人〟に騙《だま》されることはとても多い。
詐欺師は全員〝いい人〟を装ってあなたに近づいてくる。
私の経験上、仕事に誠実な人間だけが信用できるものだ。

018

39歳までに
知っておきたかった
「仕事の現実」

同世代のトップ集団を定点観測しておく。

できれば別の土俵で活躍している同世代をライバルと考えよう。
私も同世代のスポーツ選手、作家、学者、芸能人を定点観測している。
別に私は彼ら彼女らのファンでも何でもないが、
一方的に尊敬しているだけだ。
「あの人に比べたら自分なんてまだまだまだだな」と
24時間365日思えるのがいい。
そうすれば、いつまでも仕事と真摯に向き合える。

019

39歳までに
知っておきたかった
「仕事の現実」

「いつでも声かけてね」
という社交辞令は、
無能な人の
マウンティング。

あなたが会社を辞めて転職や独立をすると必ずこう言ってくれる人がいる。
「何かあったらいつでも声かけてね」「困ったことがあれば何でも言ってよ」
実際に声をかけても彼ら彼女らは何もしてくれない。
だからと言って、彼ら彼女らが薄情だとか裏切り者と考えて
逆恨みしないことだ。
彼ら彼女らは、戦意はあっても戦力がないだけだから。

020

39歳までに
知っておきたかった
「仕事の現実」

仕事くらい、
できなくてどうする。

受験勉強は生まれつきの才能で決まるが、仕事に才能は関係ない。
なぜなら仕事は自分が得意なことを選べるからである。
多少頭が悪くても肉体労働があるし、
手先が不器用でも学者にはなれるだろう。
要は自分が評価されやすいことを仕事にすればいいのだから、
仕事はできて当然だ。
40代以降で仕事ができない人間に未来はない。

Part 3

39歳までに知っておきたかった
「勉強の現実」

STUDY

021

39歳までに
知っておきたかった
「勉強の現実」

10代や20代で読んだ本を、
もう一度読んでみる。

もしあなたが読書家なら、昔読んだ本を再読しよう。
必ず新しい発見があるはずだ。
むしろ再読するほうが新しい本を読むよりも発見が多い。
私はヨハン・ペーター・エッカーマンの
『ゲーテとの対話』を10年おきに再読している。
読むたびに「今まで何も読めていなかった」と気づかされるものだ。

022

39歳までに
知っておきたかった
「勉強の現実」

自分にコンテンツが
ある人は、
英語を話せたほうがいい。

英語の勉強をしたほうが絶対にいい人がいる。
自分に発信するコンテンツがある人だ。
1億人に発信するよりも10億人に発信したほうがお金になるからである。
率直に申し上げてそれ以外の人はお好きにどうぞ、という感じだ。
いやむしろ他の勉強をして突き抜けたほうがいいだろう。

023

39歳までに
知っておきたかった
「勉強の現実」

最高のお洒落《しゃれ》とは、
学歴である。

どれだけブランド品を所有していようがお洒落じゃない人の特徴がある。
それは、学歴のない人だ。
学歴がないのにお洒落に精を出していると、自信のなさを感じてしまう。
低学歴だからお手軽にお洒落でカバーしようとしているのかな、と思われる。
反対に学歴があれば普通の格好をしていてもお洒落だ。

024

39歳までに
知っておきたかった
「勉強の現実」

低学歴の歴史の
知識自慢が始まると、
場が白ける。

これまでの私の経験上、低学歴には歴史好きが多い。
より正確には歴史の知識でマウンティングをかます連中が多い。
低学歴がマシンガントークで歴史を語り始めると、その空間が穢《けが》れる。
周囲がウンザリしていると、
「もっと頑張らなくては」とより一層まくし立てる。
翻って、あなたはどうだろうか。

025

39歳までに
知っておきたかった
「勉強の現実」

自己啓発書は
バカにならない。

自己啓発書の著者の中にも自己啓発書をバカにする人は多い。
だが歴史に名を遺した古今東西の思想家の名言を編纂《へんさん》すれば
自己啓発書になる。
アメリカの自己啓発市場は日本とは桁違いだ。
それがそのまま国家の生命力や経済力にも反映している。
自己啓発書しか読まないのはどうかと思うが、
自己啓発書は読んだほうがお得だ。

026

39歳までに
知っておきたかった
「勉強の現実」

多読から、
熟読玩味。

できれば多読は20代で済ませておきたい。
30代になったら熟読玩味を習慣にするといいだろう。
社会哲学者のエリック・ホッファーの本を熟読玩味すると
人生が確実に変わる。
お手軽に一変はしないかもしれない。
だがジワリ、ジワリと魂の内奥から変わり始めるのだ。

027

39歳までに
知っておきたかった
「勉強の現実」

常識を疑うためには、
まず常識を知る。

「成功したければ常識を打破せよ！」とよく言われるだろう。
最近はそれに便乗して奇抜なことや迷惑行為をする連中も増えてきた。
愚かで醜いと思う。
常識を打破したければ、まず何よりも常識を熟知することだ。
今世紀に入ってから学生起業家を多く輩出しているのは
ダントツで東京大学である。

028

39歳までに
知っておきたかった
「勉強の現実」

ここだけの話、鈍い頭は鈍いまま。

これを受容すれば人生が随分楽になるという真実がある。
鈍い頭はいくら勉強しても鈍いままだということだ。
私にしても大学時代に1万冊の本を読んだが
生来の愚鈍さはついに改善されなかった。
ただし先人の知恵を詰め込んだため、
「デキるふり」が多少上手《うま》くなったと思う。
プラトンやバールーフ・デ・スピノザや
イマヌエル・カントを演じているだけでも楽勝だった。

029

39歳までに
知っておきたかった
「勉強の現実」

思考力のベースは、
圧倒的知識量。

思考力を鍛えたいという人は多い。
思考力を鍛えたければ、
とりあえずその道で不可欠な知識を全部詰め込むことだ。
不可欠な知識とは、その道のプロから見て必要とされている下限である。
大量の知識を詰め込んで放置しておくと、
まもなく脳内で化学反応が起こるだろう。
その化学反応のことを人は思考力と呼んでいるのだ。

030

39歳までに
知っておきたかった
「勉強の現実」

畢竟《ひっきょう》、
仕事より勉強。

誰もハッキリと言う人がいないから私が言おう。
仕事しかできない人間になると、40代以降が悲惨である。
パートナーに愛想《あいそ》を尽かされる熟年離婚の
レギュラーメンバー入り間違いなしだ。
賢明な人は得意なことを仕事にしておきながら、余った時間で勉強している。
組織では役職が上がるほど教養が磨かれるのは、
こっそり勉強しているからだ。

Part 4

39歳までに知っておきたかった
「お金の現実」

MONEY

031

39歳までに
知っておきたかった
「お金の現実」

豊かな人生を
送りたければ、
適度な贅沢《ぜいたく》は必須。

哲学者のフリードリヒ・ニーチェは
別にお金持ちではなかったが贅沢を否定しなかった。
ランチはいつもホテルでステーキとオムレツを堪能していたようだ。
貧乏だと心も貧しくなるし自《おの》ずと嫉妬深くなる。
それは健全とは言えない。
何事も淫するのは醜くて愚かな行為だが、適度な贅沢は人生に必須だろう。

032

39歳までに
知っておきたかった
「お金の現実」

30代で1億円の蓄えがあると、40代で挑戦しやすい。

何かに挑戦したければ、何かしらの安定が必要だ。
安定がないのに挑戦するのは蛮勇であり猪突猛進《ちょとつもうしん》である。
たとえば30代で1億円の貯金があればそれが一つの安定となるだろう。
趣味が貯金になるのは愚かだが、
脱サラしても1億円あればしばらくは安心だ。
私も30代で蓄えが1億円をスルッと通過したが、
それ以来断然挑戦しやすくなった。

033

39歳までに
知っておきたかった
「お金の現実」

お金持ちになっても、
偉くなれない。

貧乏人がよくする勘違いに、お金持ちになったら偉くなるというものがある。
それは完全に間違いだ。
お金持ちになったら時間と自由は買えるが、
残念ながら社会的地位は上がらない。
資産1兆円の起業家は年収700万円の官僚よりも格下なのだ。
別に偉くなれなくても、時間と自由が買えればそれで十分だと思うが。

子どもの教育費は、分相応でいい。

慶應義塾の創設者である福沢諭吉《ふくざわゆきち》はこう述べている。

「我が子には衣食と分相応の教育を授ければ十分だ」

生活を切り詰めて子どもの教育費を捻出するのは愚か者だ。

自分のやりたいことを犠牲にしてまで教育費を捻出するのもまた愚か者だ。

子どもというのは親の生き様を見て育つものである。

035

39歳までに
知っておきたかった
「お金の現実」

投資に熱狂している人に、
お金持ちはいない。

ウォーレン・バフェットが投資に熱狂するのはわかる。
彼の職業は投資家であり世界一の結果も出しているからだ。
ところが本業を疎《おろそ》かにして投資に熱狂している人でお金持ちはいない。
むしろ長い目で見ると貧乏人で終わることが多い。
ここだけの話、投資よりもビジネスのほうが何十倍も何百倍も儲《もう》かるからね。

036

迷ったら、高く売れ。

暴利を貪っていると、いずれ世間から嫌われる。
だが適正価格で売る姿勢は大切だ。
たとえばオロナイン軟膏《なんこう》や正露丸《せいろがん》はベスト&ロングセラーである。
それらは決して安売りされてないし、かと言って桁違いに高くもない。
類似商品の中では平均よりやや高いくらいだろう。

037

貧乏人とは距離を置け。

厳しい話だが貧乏は一種の病気だ。
少なくとも健全な状態ではない。
貧乏人と長期間一緒にいると貧乏が感染してしまう。
それは貧乏になる習慣が無意識のうちに体内に取り込まれるからである。
もし貧乏人を助けたければ、
まずあなたがお金持ちになってから手を差し伸べよう。

038

39歳までに
知っておきたかった
「お金の現実」

売り込まれたら、絶縁せよ。

旧友から自動車や生命保険を売り込まれたことはないだろうか。
それもそんなに親しくなかった相手から。
誠にいやらしい話だが、
彼ら彼女らは自動車や生命保険を売っているのではない。
自動車や生命保険をダシにしてあなたからお金を奪おうとしているのだ。
売り込まれた時点で、あなたは友だち枠から外されている。

039

39歳までに
知っておきたかった
「お金の現実」

アポなし訪問は、
不法侵入予備軍と知れ。

「〇〇電力」「〇〇ガス」を装ってアポなし訪問があればそれは詐欺師だ。
かつてのＮＨＫを除けば、原則由緒正しい大企業はアポなし訪問などしない。
それは不法侵入と本質的に何ら変わらないのだから。
電話をするのは相手の時間に土足で入り込む行為と
見なされるようになって久しい。
世の中はどんどん進化しているのである。

040

39歳までに
知っておきたかった
「お金の現実」

本当に欲しい
ものがあれば、
1ヶ月我慢してから買う。

衝動買いのすべてがいけないとは思わない。
人生のある時期には誰でも衝動買いしたくなることがある。
しかしできれば衝動買いは20代で卒業しておきたい。
30代になって欲しいものがあればとりあえず1ヶ月我慢してみよう。
それでも欲しければ迷わず買えばいい。

Part 5

39歳までに知っておきたかった
「友情の現実」

FRIENDSHIP

041

39歳までに
知っておきたかった
「友情の現実」

30代にもなって友人を
増やそうとするのは、
雑魚。

嫌われ者ほど友人を欲しがる。
人は自分に欠けている部分を必死で補おうとする習性があるからだ。
10代ならまだしも、30代にもなって
友人を増やそうという卑しい発想は捨てよう。
優秀な人間は基本的に手下と敵しかいないものだ。
あなたが気づいていないだけで
有能な層と無能な層の格差は時々刻々と開いている。

042

39歳までに
知っておきたかった
「友情の現実」

「親友」という呪縛から自分を解いてあげる。

人生に親友が一人くらいいないと寂しいと考える人は多い。
ところが現実はどうか。
あなたが親友と思い込んでいる相手はあなたのことが嫌いかもしれない。
これは冗談ではなく統計上明らかになった
51%以上の確率で当てはまる事実だ。
人には身近な相手の不幸ほど嬉《うれ》しいものはないという悲しい性《さが》がある。

043

39歳までに
知っておきたかった
「友情の現実」

あなたの親友が、
あなたを最も
裏切りやすい。

これまで私は3000人以上のエグゼクティブと出逢い、
そして対話してきた。
その経験からわかった事実は、
成功者たちは例外なく親友に裏切られていたことだ。
例外なく、である。
もちろん理由は嫉妬だ。
人には身近な相手の成功を心から祝福できないという悲しい性がある。

044

39歳までに
知っておきたかった
「友情の現実」

あなたの悪評が
広まっていたら、
犯人は
一番親しかった人間だ。

成功すると故郷や社内である日を境に
周囲の目が冷ややかになる瞬間がある。
これまでにそんな経験がないという人は、まだ成功していない証拠だ。
もし将来成功したら必ずそうした経験をするから今から予習しておこう。
あなたの悪評を広めた犯人は、あなたが一番親しかった人間である。
もちろん間接的に、空気の如《ごと》く、完全犯罪で
嫌がらせは成し遂げられるだろう。

045

39歳までに
知っておきたかった
「友情の現実」

格下の旧友と再会して
ギクシャクしたら、
60歳まで会うな。

もし冴《さ》えない旧友と再会して話が噛《か》み合わなかったとしよう。
さっさと絶縁するのも手だが、
どうしてもその相手との縁を繋《つな》ぎたかったとする。
その場合は60歳までは会わないことだ。
人生の決着がついた60歳以降であれば
10代の頃のように無垢《むく》に分かち合えるだろう。
もちろんあなたがそうしたければの話だが。

046

39歳までに
知っておきたかった
「友情の現実」

ダス・マンからは
イチ抜けよ。

「ダス・マン」とはドイツの哲学者マルティン・ハイデガーの概念で、
野次馬的な大衆のことだ。
暇さえあれば愚痴・悪口・噂話《うわさばなし》をして
寿命をドブに捨てている連中がいるだろう。
自分がそうしたダス・マンにならないのはもちろんのこと、
近づけてもいけない。
なぜなら同じ空間に居合わせるだけで
ダス・マン菌が飛沫《ひまつ》感染してしまうからだ。
ダス・マンが近づいてきたら、携帯電話に出るふりをしてその場を離れよう。

047

39歳までに
知っておきたかった
「友情の現実」

あなたより
学歴と年収が低い友人は、
あなたに100%
嫉妬している。

賢明なあなたならすでにお気づきのように、
人のランクは学歴と年収で決まる。
学歴と年収が低い連中は、
学歴と年収が高い連中が死ねばいいと思っているものだ。
これにはもう例外がない。
もしあなたが高学歴かつ高年収であれば周囲は敵だらけだと考えよう。
女性の場合はそこに美貌が加わると、
24時間365日不幸になることを期待されている。

048

39歳までに
知っておきたかった
「友情の現実」

「私たち親友よね？」
と念を押す相手は、
あなたから奪う人。

親友であることを強要してくる相手を信用してはならない。
なぜなら彼ら彼女らはあなたから奪う人だからである。
「親友である証拠に私から生命保険に入ってくれ」
と迫ってくるのはそのためだ。
ネットワークビジネスの連中の口癖も
「友だちになってもらえますか?」である。
本当の親友はいちいちそんな安っぽい言葉を発しない。

049

39歳までに
知っておきたかった
「友情の現実」

村上春樹《むらかみはるき》氏の『スプートニクの恋人』を読んでおく。

村上春樹氏の作品に登場する人物は誰もが孤独だ。
その中でも『スプートニクの恋人』（講談社《こうだんしゃ》）は
タイトルからして孤独の極致である。
ぜひあなたもこの作品で孤独を堪能してもらいたい。
読み始めてすぐに登場する次のキーワードの意味を考えると
より深く味わえる。
「夜の十時」「マグカップ」「誕生日」「スナフキン」「マルボロの箱」

050

39歳までに
知っておきたかった
「友情の現実」

畢竟、自分と親友になろう。

結局のところ人は孤独に生まれて孤独に死ぬ。
呆《あき》れるほどにシンプルなこの事実を、今一度正面から受容すべきである。
孤独を受容すれば人間関係の問題のすべてが解決するとは言わない。
だが多くは軽減されるだろう。
依存心を捨てて自分と親友になることが世知辛い世の中を生き抜くコツだ。

Part 6

39歳までに知っておきたかった
「転職の現実」

CAREER

051

39歳までに
知っておきたかった
「転職の現実」

30代後半で
転職できるのは、
優秀な証拠。

転職したければどんどんすればいい。
一般に転職しやすいのは27歳から32歳だと言われているが、
そんなの関係ない。
30代後半で転職できる人がいたら、それはその人が優秀だからである。
きちんと仕事に真摯に向き合い続けた人なら、
30代後半には何者かになれるだろう。
かつて東大卒で三菱《みつびし》商事を皮切りに
十数回の転職を繰り返した成功者もいた。

052

39歳までに
知っておきたかった
「転職の現実」

「嫌だから辞める」は、
至って健全。

会社を辞める理由はたった一つ。
今いる場所が嫌だからだろう。
転職の面接でバカ正直にそんなことを言う人はいないだろうが。
嫌だから辞めるというのは極めて健全な理由であり、
私もこれまでそうしてきた。
反対にお聞きしたいが、
「嫌なのに辞めない」人って何のために生きているの？

053

39歳までに
知っておきたかった
「転職の現実」

マッキンゼーか
ゴールドマン・サックスに
転職できるなら、
しておけ。

特にやりたいこともなくブランドが好きな人は
ブランドをとことん追いかけよう。
転職市場でトップ・オブ・トップのブランドは畢竟2社だ。
マッキンゼーとゴールドマン・サックスである。
この2社には必ずしも東大卒のエリートしか入れないというわけではない。
よく調べれば駅弁MARCH（明治、青山《あおやま》学院、立教《りっきょう》、中央、法政《ほうせい》）
関関同立（関西《かんさい》、関西《かんせい》学院、同志社《どうししゃ》、立命館《りつめいかん》）水準の凡人でも
転職した例があるからお得である。

054

39歳までに
知っておきたかった
「転職の現実」

国内名門大企業に
転職を果たしても、
原則トップには立てない。

外資系企業ならともかく国内名門大企業に転職しても
原則トップには立てない。
国内名門大企業でトップに立てるのは天下りか新卒で入社した人材のみだ。
もし転職組がトップに立てた大企業があればそれは名門ではない。
毛並みの悪い自称名門企業である。
以上を虚心坦懐《きょしんたんかい》に踏まえた上で人生設計を立てるべきだ。

055

39歳までに
知っておきたかった
「転職の現実」

あえて計画的に
格下の会社で
楽をするのもアリ。

私が新卒で大企業の保険会社に就職した理由は
「働きたくなかったから」である。
私が経営コンサルティング会社に転職した理由は
「出版しやすかったから」である。
それ以外の理由はどれも些細《ささい》なことだ。
今でも保険は大嫌いだし経営コンサルタントという職業を忌み嫌っている。
だがそれらはいずれも私の夢を実現させるための必要悪だった。

30代の転職は、エージェントよりコネ。

ここだけの話、転職エージェントで働いている連中はショボい。
だからあなたが真のサラブレッドである場合、
適切な転職のアドバイスができない。
ショボい連中というのはどうしても無意識に嫉妬してしまうからだ。
30代で転職したければコネに限る。
30代にもなってコネがないようでは、
転職するほどの実力はないということだ。

057

39歳までに
知っておきたかった
「転職の現実」

平社員からのスタートは、想像以上に辛い。

転職先で平社員からスタートするのはおススメしない。
最初から自分のポジションを下げているようでは、
負け犬の背中になってしまう。
あなたが無能なら仕方がないが、
有能なら必ずポジションを与えてもらうことだ。
私は転職後すぐ直属の上司に直談判して
フレックスタイム制にしてもらった。
朝から雑魚と顔を合わせないようにして、
知らぬ間に最短出世を果たしたのである。

058

39歳までに
知っておきたかった
「転職の現実」

保険の歩合制セールスへの転職は、ヘッドハンティングではない。

よく歩合制のセールス如きが
「ヘッドハンティングされてさあ」とほざいている。
本来のヘッドハンティングとは、
取締役以上が他の会社の経営陣になることだ。
ぺーぺーの保険の歩合制セールスへの転職は、単なる「引き抜き」である。
こういう言葉遣い一つ取っても
詐欺師というのは自分を大きく見せたがるものだ。
一度歩合制のセールスになったら、
社会的地位を上げるのはもはや絶望的である。

059

39歳までに
知っておきたかった
「転職の現実」

40代で
ヘッドハンティング
されたければ
30代で極限まで
出世しておく。

40代以降でヘッドハンティングされ続けながらプロ経営者として生きる。
それはそれで一つの成功法であり、極めて美しい。
心から尊敬する。
そうしたコースを歩んでいる知人も複数いるが、誰もが30代で世に出ていた。
社内で出世頭というレベルではお話にならず、
業界で知れ渡っているレベルだ。

060

39歳までに
知っておきたかった
「転職の現実」

優秀過ぎると、組織では干される。

私はこれまでに経営コンサルタントとして様々な組織を傍観してきた。
傍観者だからこそわかることがある。
それはその組織にはもったいないくらいの逸材は
干されやすいという事実だ。
海水魚は淡水に馴染《なじ》まないし、淡水魚は海水に馴染まない。
だからたとえ出世できなくても人生が終わったとは考えないことだ。

Part 7

39歳までに知っておきたかった
「成功の現実」

SUCCESS

061

39歳までに
知っておきたかった
「成功の現実」

「成功は人それぞれ」
という言葉に逃げない。

「成功は人それぞれ」とは、反論の余地のない正論だ。
正論は弱者の心を癒してはくれるが、
強者のように豊かな人生は歩ませてくれない。
せっかくこの世に生まれてきたからには、やっぱり成功しなければ。
成功を目指した人生とそうでなかった人生はまるで違う。
少なくとも30代で成功を諦めているようなお年寄りは
死んでいるのと同じだ。

062

39歳までに
知っておきたかった
「成功の現実」

成功は二階建て。
一階は実力、
二階は運。

一切の綺麗事を排除すると、成功は実力で決まる。
実力があって初めて運が活《い》かせるのだから。
誰の頭にも雨は降ってくるが、
傘をさせるのは普段から準備している人だけだ。
この場合、雨が運とすれば傘が実力である。
実力さえあれば、あとは放っておいても運は巡って来るものだ。

063

39歳までに
知っておきたかった
「成功の現実」

30代で生涯賃金を
稼ぎ終えると、
生きたまま
天国を堪能できる。

できればあなたには30代で
サラリーマンの生涯賃金を稼ぎ終えてもらいたい。
大企業の生涯賃金は4億円程度だと聞くが、今はどうなのだろう。
人によって生涯賃金は異なるが、4億円程度なら毎年稼いでいる人もいる。
経験者として囁いておくと、毎日が夏休みの人生だ。
ロイヤルストレートフラッシュ人生を超えて、ファイブカード人生である。

064

39歳までに
知っておきたかった
「成功の現実」

成功者の趣味は、復讐《ふくしゅう》。

村上春樹氏の『1Q84』（新潮社《しんちょうしゃ》）に登場する麻布《あざぶ》の老婦人のような大富豪は実在する。

実在するからこそあの小説はリアリティがあって大ベストセラーになったのだ。

私もこれまでに数々の大富豪と対話してきたが、共通の趣味は復讐だった。

小説のように殺人まではやらないにしても、その一歩手前までなら平気でやる。

以上がフィクションかノンフィクションかはあなた自身で検証してもらいたい。

065

39歳までに
知っておきたかった
「成功の現実」

成功には二通りある。
上流の成功と
下流の成功だ。

30代になったら当然気づいているとは思うが、念のため確認しておきたい。
成功には上流の成功と下流の成功がある。
上流の成功とは高学歴者の成功であり、下流の成功とは低学歴者の成功だ。
上流と下流が本音で打ち解け合うことは稀《まれ》である。
こうした世の中の本音に基づいてあなたはどう生きるのかを決めよう。

066

39歳までに
知っておきたかった
「成功の現実」

老害連中に
媚《こ》びたくなければ、
さっさと成功せよ。

私が社会人として働き始めた1990年代後半にも
薄々気づかれていた空気感がある。
「どうして年上というだけでこんなに無能な連中が俺の上なの？」
という憤懣《ふんまん》だ。
ちょうど実業家の堀江貴文《ほりえたかふみ》氏や藤田晋《ふじたすすむ》氏が世に出始めた頃である。
今世紀に入ってからその憤懣は急激に
SNS（ソーシャル・ネットワーキング・サービス）で拡散されて
個人で生きる逸材が増えた。
こうした流れは極めて健全であり、自然の摂理に則《のっと》っている。

067

39歳までに
知っておきたかった
「成功の現実」

ここだけの話、
成功本に書いてある
ことは本当だ。

成功本を読むとバカにされる風潮がある。
しかし断言していいが、成功本を読んだほうが実際に成功できるのだ。
私はこれまでに数え切れないほどの成功者の書棚を見せてもらった。
書棚の手前には未読の専門書が、
奥には成功本とエロ本が隠されていたものだ。
成功者たちはこっそり成功本を読みまくっていたのである。

068

39歳までに
知っておきたかった
「成功の現実」

成功者たちは
自分が成功すると
薄々知っていた。

これは内緒だが、私は大学時代から
自分が100冊以上本を出せると知っていた。
傲慢かもしれないが本当のことだ。
この話をあちこちの成功者に打ち明けたところ、
「そんなの当たり前」と言われた。
成功者たちは名もなく貧しい頃から自分が成功することを知っていたのだ。
ぼんやりとだが、とても堅牢《けんろう》に成功の確信のようなものが
身体《からだ》の芯に備わっていた。

069

39歳までに
知っておきたかった
「成功の現実」

「なりたい自分」

には、なれない。

「なりそうな自分」

になら、なれる。

少し厳しい話になるが、どうか読んでもらいたい。
あなたが「なりたい自分」には、きっとなれない。
あなたが「なりそうな自分」になら、なれるだろう。
前者は遺伝的に授かっておらず、後者は遺伝的に授かっている。
ないものねだりで悲壮感を漂わせながら人生を終えると、
きっと地獄に直行だ。

070

39歳までに
知っておきたかった
「成功の現実」

『失われた時を求めて』を
平日の昼間から
優雅に堪能する。

マルセル・プルーストの『失われた時を求めて』をご存じだろうか。
ギネス級の長編小説であり、私は大学時代にこの作品を2度読んだ。
それぞれ半年かかったから計1年を費やしたことになる。
当時の私はこの小説を平日の昼間から優雅に堪能するために
成功しようと誓った。
今は書斎でマドレーヌを紅茶に浸しながらちびちびと読み返している。

Part 8

39歳までに知っておきたかった
「情報の現実」

INFORMATION

071

39歳までに
知っておきたかった
「情報の現実」

フォロー数0で
勝負してみる。

SNSはもはや生活の一部になっているという人は多いだろう。
それはそれで構わないが、あなたがSNSの奴隷になってはいないだろうか。
どんな時代になっても、
あくまでも人生の主役はあなた自身でなければならない。
その一案としてはフォロー数をあえて0で勝負してみることをおススメする。
一方的に情報を発信するだけで
どれだけの影響力を与えられるか試してみよう。

072

39歳までに
知っておきたかった
「情報の現実」

SNSは権利であって義務ではない。

大切なことは、権利と義務を倒錯しないことだ。
SNSはあくまでも権利であり断じて義務ではない。
やりたい者だけがやればいいし、嫌なら即刻やめるべきである。
SNSとは現代版村社会だ。
村社会にどっぷり浸かることなどやっていられないのは、
あなたが健全な証拠である。

073

39歳までに
知っておきたかった
「情報の現実」

アウトプットばかり
していると、
枯渇してしまう。

作曲家にとって一番大切なのは作曲することではない。
一番大切なのは名曲を聴くことで作曲は二番目だ。
文筆家にとって一番大切なのは執筆することではない。
一番大切なのは名作を読むことで執筆は二番目だ。
SNSでもアウトプットばかりしていると枯渇して
年齢の割に老け込んでしまう。

074

39歳までに
知っておきたかった
「情報の現実」

SNSから生まれる本もある。

どうせなら出版のオファーを狙ってSNSに励むのもいいだろう。
X（旧Twitter）で語録を公開し続けていると
感銘を受けた出版社から声がかかるかもしれない。
noteで小説を綴《つづ》っていると
「本にしませんか？」と編集者に懇願されるかもしれない。
実際にそれで書籍化された例はいくつもある。
出版はロマンであり、個人のIPO（新規公開株式）だ。

075

39歳までに
知っておきたかった
「情報の現実」

SNSの長所は、清潔であること。

ＳＮＳに問題がないわけではないが、長所は確実にある。
その一つが清潔であることだ。
生の人間同士だと口角泡を飛ばす不潔さは避けられないが、
ＳＮＳにそれはない。
ＳＮＳはあくまでもデジタルであり、清潔なのだ。
もちろんマナー違反はいけないことだが、
それでも清潔であることは素晴らしい。

076

39歳までに
知っておきたかった
「情報の現実」

SNSの短所は、
理性が吹き飛ぶこと。

ＳＮＳの問題点は普段抑えている理性のタガが外れて
人の嫌な部分が露呈されることだ。
アルコールが体内に入り込んだ時と同じで本音がダダ漏れになってしまう。
普段が建前でアルコールが入った状態が本音だというのは
全員が知っている。
だから本音が飛び交っているＳＮＳでは人間関係が決裂しやすい。
国内外で殺人事件にも繋がっているし、
今後その種の事件は増え続けるだろう。

077

39歳までに
知っておきたかった
「情報の現実」

SNSこそ、品が出る。

本音がダダ漏れになりやすいＳＮＳだからこそ
傍観者として気づかされることは多い。
ＳＮＳをやっている人の中にも品のある人が少なからずいるのだ。
お洒落な人は絶対に罵詈雑言《ばりぞうごん》を放たない。
それでは口角泡を飛ばすリアルの口論と同じで不潔だからである。
ＳＮＳは清潔なデジタルだからこそ、
生身の不潔な人間がそれを汚すべきではないのだ。

078

39歳までに
知っておきたかった
「情報の現実」

SNSを一切やらない
という美学が
あってもいい。

「逆張り」という言葉が私は好きだ。
時代に逆行するのは勇気の要ることだが、
その人にしか見えない景色もあるだろう。
私も幼少の頃から天邪鬼《あまのじゃく》であり、
それで得をしたこともあれば損をしたこともある。
トータルとしては得をしたことのほうが多い。
今では「幸せはいつも逆にある」とさえ思っている。

079

39歳までに
知っておきたかった
「情報の現実」

SNSに
どっぷり浸かるのもいい。

いっそのこと、ＳＮＳに人生を懸けるのもアリだ。
ゲームの世界と同じで生易しいものでないだろうが、懸ける価値はある。
私は斜陽業界と言われて久しい出版業界で生きているが、何とかなるものだ。
少なくともどっぷり浸かることで見えてくる世界がある。
どっぷり浸かれば、何かしらの結論が出るのだ。

080

39歳までに
知っておきたかった
「情報の現実」

人間心理の一次情報を
超上から目線で
傍観できる。

SNSの何が素晴らしいのか。
大衆の本音が優雅に傍観できることだろう。
知識人や有名人の情報はこれまでにもあったが、
大衆の本音は共有化できなかった。
それが現在では実現されたのであり、これほどビジネスで役立つことはない。
大衆の多くが今すぐ先生になりたがっており、
大衆の多くが承認欲求の塊である。

Part 9

39歳までに知っておきたかった
「健康の現実」

HEALTH

081

39歳までに
知っておきたかった
「健康の現実」

30代からは食べる量を徐々に減らす。

人は20代をピークにどんどん老化する。
これは自然の摂理だからもはや避けられない。
老化すると代謝も下がるから食べる量を減らさないと毎日太り続ける。
年齢を重ねると糖尿病患者が増えるのもそのためだ。
「たくさん食べても運動すればいい」は嘘《うそ》で、
食べる量を減らすのが王道である。

082

39歳までに
知っておきたかった
「健康の現実」

眠い時に眠れる
人生を創れ。

あらゆる病気の根源は睡眠不足にある。
睡眠中に身体は自然治癒力を高められるのであり、
睡眠不足だとそれができない。
睡眠不足が重なると身体のあちこちが故障中のまま生活することになる。
それで身体が限界を迎えて悲鳴を上げるのが病気なのだ。
30代になったら妥協なき睡眠を確保できる環境にお金を回そう。

083

39歳までに
知っておきたかった
「健康の現実」

経済的に
ゆとりがあるなら
NMNや5-ALAを
お試しあれ。

若返りサプリとして知られるNMN（ニコチンアミドモノヌクレオチド）や5－ALA（アミノレブリン酸）をご存じだろうか。
インターネットで検索すればそれこそ星の数ほど情報が出てくる。
これらは薬ではなくサプリメントだが、
現時点では飲んでおいたほうが良さそうだ。
最近は随分とリーズナブルな値段になってきたため、
余裕があれば試してみよう。
これ以外だとビタミンCを錠剤で飲むようになって
肌が綺麗になったという人は多い。

084

39歳までに
知っておきたかった
「健康の現実」

30代以降は激しい運動はおススメしない。

運動は自分に合ったものに限る。
ゴルフが合う人もいればトライアスロンが合う人もいるだろう。
フルマラソンが合う人もいればウォーキングが合う人もいるだろう。
筋トレが合う人もいればピラティスが合う人もいるだろう。
周囲で流行《はや》っているからと言って、無理にあなたもやる必要はない。

085

39歳までに
知っておきたかった
「健康の現実」

筋トレは
マッチョになる
ためではなく、
スカッとするためにやる。

私は長らく筋トレを続けているが、
マッチョになるためにやっているのではない。
単純に筋トレをするとスカッとするからやっているだけだ。
筋トレをしないとスカッとせずにストレスが溜《た》まるから毎日適度にやる。
執筆には大なり小なり頭を使うから、
その反動で身体を痛めつけたくなるのだろう。
筋トレをすると脳に良い物質が分泌されるという
科学的な仮説もあるようだ。

086

39歳までに
知っておきたかった
「健康の現実」

運動したくなるコツは、頭を酷使すること。

運動はしなければならないからするものではなく、
したくなるからするものだ。
これは本当の話だ。
試しに頭を酷使してみるといい。
難解なパズルを解いたり複雑な小説を読んだりすると
頭がヘトヘトになるだろう。
次の瞬間、身体を動かしたくてウズウズしてくるはずだ。

087

39歳までに
知っておきたかった
「健康の現実」

最高のダイエットは、
考えること。

一般に脳の重さは体重の約2％だと言われている。
体重60㎏の人は脳が1・2㎏ということだ。
ところがたった2％の脳が全体の約20％のエネルギーを消費している。
だから学者には本格的な肥満が少ないのだ。
頭を酷使することは、そのままダイエットにも直結するというわけである。

088

緑豊かな土地で
暮らしている人は、
毎日30分の
ウォーキングが最強。

とにかく身体を動かしたいけれど
何をしていいのかわからないという人がいる。
そんな人にはウォーキングがおススメだ。
特に緑豊かな土地で暮らしている人は、毎日30分の散歩を習慣にしてみよう。
歩くという行為は超複雑な骨や筋肉の連携の結果であり、運動の頂点だ。
古代ギリシャの哲学者たちも歩きながら語り合った。

089

39歳までに
知っておきたかった
「健康の現実」

たまには
ジャンクフードを
楽しんでもいい。

健康食ブームが流行って久しいが、〃かくあるべし〃の人生は味気ない。
もちろん食事には注意を払うべきだが、何事にもハンドルの遊びは不可欠だ。
私の場合は学生時代に大好物だったペヤングソースやきそばを
年に何度か楽しむ。
漫画『グラップラー刃牙《バキ》』（秋田《あきた》書店）の範馬勇次郎《はんまゆうじろう》だって
コーラを飲むし喫煙もする。
身体に悪いと言われるものでもたまに摂取することで、
より身体は強くなるのだ。

090

39歳までに
知っておきたかった
「健康の現実」

幼少の頃から
トマトジュースを
好きになる。

私は幼少の頃からトマトジュースが大好物だったが、
それは健康のためではない。
純粋にオレンジジュースやグレープジュースよりも
美味《おい》しいと感じたからである。
そして私は幼少の頃から健康優良児として県庁で表彰されたこともあった。
最近明らかになったのはトマトジュースが
科学的にも健康に滅法良いということだ。
実際のトマトよりも食塩無添加のトマトジュースのほうが
身体にも良いらしい。

Part 10

39歳までに知っておきたかった
「人生の現実」

LIFE

091

39歳までに
知っておきたかった
「人生の現実」

賢明な人生とは、
年齢を
重ねれば重ねるほど
幸せになる
複利の人生だ。

金融商品では雪達磨式《ゆきだるましき》に利息が増え続ける複利が大切なのはわかる。
だが複利は人生でこそ大切な考え方なのだ。
受験勉強を頑張るのは、学歴があったほうがてこの原理で幸せになりやすいからだ。
本を読むのは、知恵があったほうがいざとなった際に賢明な決断を下せるからだ。
年齢を重ねるほどにあなたが幸せになっていないのなら、その人生は間違っている。

092

39歳までに
知っておきたかった
「人生の現実」

40歳は、人生の折り返し地点。

我が国では人生80年を大幅に超えてすでに久しい。
仮に健康寿命が80年になったとしよう。
その場合40歳はちょうど真ん中であり、折り返し地点ということになる。
そうやって具体的に意識すると、
これまでに見えなかったものが見えるだろう。
あなたの寿命は永遠ではなく、有限なのだ。

093

39歳までに
知っておきたかった
「人生の現実」

好きなこと以外は
しなくてもいい
人生を創れ。

折り返し地点の40歳以降であなたはどんな人生を送りたいだろうか。
もちろん好きなことをする人生だろう。
好きなこと以外は何もしなくてもいい人生こそが成功者の証《あか》しだ。
換言すれば、40歳までの人生はその仕込み期間である。
そう考えると、ワクワクしながら30代を生きられるはずだ。

094

39歳までに
知っておきたかった
「人生の現実」

死を他人事《ひとごと》ではなく
自分事として
捉えた瞬間から、
真の人生が始まる。

無能な人は死を他人事だと思っている。
だからのんべんだらりと暮らしていても何も感じないし、
そのまま息絶えるのだ。
そして死に際には必ずこう後悔するだろう。
「こんなはずじゃなかった」
死は自分事であり、死を受容することで、今この瞬間も味わい尽くせる。

095

39歳までに
知っておきたかった
「人生の現実」

40歳からは
徐々に身軽にしていく
人生が美しい。

30代までは物欲にまみれていてもいい。
そのほうが人間らしいと私は思う。
だが40歳からはあなたに手放す美学を習得してもらいたい。
身軽になるほうが美しいし、いざとなった際に戦えるのだ。
両手に荷物を持った状態は戦いに著しく不利である。

096

39歳までに
知っておきたかった
「人生の現実」

40歳から飛躍したければ、
インプットは39歳までに
終わらせておく。

もちろん40歳以降でもインプットは続けてもらいたい。
ここで私がお伝えしたいのは、受験勉強的なインプットだ。
受験勉強的なインプットは30代で終わらせて、
40歳からは既存の知識で勝負しよう。
英会話をマスターして人生を飛躍させた人は、
遅くとも30代までに習得している。
それ以降は単なる自己満足だと割り切ったほうがいい。

097

39歳までに
知っておきたかった
「人生の現実」

次のステージに
上がる直前、
周囲が急に
よそよそしくなる。

成功前夜、周囲が急によそよそしくなる。
これまで全幅の信頼を寄せていた相手も裏切り始めて
面食らうこともあるだろう。
だがそれはあなたがこれまで理性で隠蔽してきた
嫌な部分が露呈したからである。
人生のステージが上がる直前の興奮状態で、
あなたの理性が上手《うま》く機能しないのだ。
アドバイスは一つ、善悪を超越してそのまま迷わず突き進め。

098

39歳までに
知っておきたかった
「人生の現実」

違和感が二つ続いたら、
それは何かの啓示だ。

あなたがこれから何かを成し遂げようとする前夜、違和感を抱くことがある。
普段だったら絶対にしない遅刻をするとか、
子どもがトラブルに巻き込まれるとか。
この種の違和感が二つ続いたら、
それは何かに気づけという合図かもしれない。
私自身も振り返ると「あれは啓示だったな」と感じることがある。
少し立ち止まってその啓示の意味を自分なりに考えてみるのもいいだろう。

099

39歳までに
知っておきたかった
「人生の現実」

現実も
理想も
大事。

私は現実を突き付けるのが使命だと思って文筆家になった。
だが現実だけでは人生はギスギスしてしまう。
人生には現実も理想もどちらも欠かせない。
政治や経営はその好例で、
理想のない現実は見るも無残な結果しか生まないものだ。
だから私の文章を読むのに疲れたら、
理想を語ってくれる本で中和してもらいたい。

100

39歳までに
知っておきたかった
「人生の現実」

ふて腐れさえしなければ、
人生は終わらない。

何歳になっても人生は終わらない。
あなたの人生が終わるのはあなたが死んだ時である。
それまではふて腐れさえしなければ人生は続くのだ。
換言すれば、ふて腐れた瞬間にあなたの人生は終わる。
ついふて腐れそうになったら、いつでもこの本に戻っておいで。

千田琢哉著作リスト

（2025年4月現在）


『たった2分で、夢を叶える本。』

『たった2分で、怒りを乗り越える本。』

『たった2分で、自信を手に入れる本。』

『私たちの人生の目的は終わりなき成長である』

『たった2分で、勇気を取り戻す本。』

『今日が、人生最後の日だったら。』

『たった2分で、自分を超える本。』

『現状を破壊するには、「ぬるま湯」を飛び出さなければならない。』

『人生の勝負は、朝で決まる。』

『集中力を磨くと、人生に何が起こるのか？』

『大切なことは、「好き嫌い」で決めろ！』

『20代で身につけるべき「本当の教養」を教えよう。』

『残業ゼロで年収を上げたければ、まず「住むところ」を変えろ！』

『20代で知っておくべき「歴史の使い方」を教えよう。』

『「仕事が速い」から早く帰れるのではない。「早く帰る」から仕事が速くなるのだ。』

『20代で人生が開ける「最高の語彙力」を教えよう。』

『成功者を奮い立たせた本気の言葉』

『生き残るための、独学。』

『人生を変える、お金の使い方。』

『「無敵」のメンタル』

『根拠なき自信があふれ出す！「自己肯定感」が上がる100の言葉』

『いつまでも変われないのは、あなたが自分の「無知」を認めないからだ。』

『人生を切り拓く100の習慣』

【マンガ版】『人生の勝負は、朝で決まる。』

『どんな時代にも通用する「本物の努力」を教えよう。』

『「勉強」を「お金」に変える最強の法則50』

『決定版 人生を変える、お金の使い方。』

【ハンディ版 マンガ】『人生の勝負は、朝で決まる。』

KADOKAWA

『君の眠れる才能を呼び覚ます50の習慣』

『戦う君と読む33の言葉』

アイバス出版

『一生トップで駆け抜けつづけるために20代で身につけたい勉強の技法』

『一生イノベーションを起こしつづけるビジネスパーソンになるために20代で身につけたい読書の技法』

『1日に10冊の本を読み3日で1冊の本を書く ボクのインプット&アウトプット法』

『お金の9割は意欲とセンスだ』

あさ出版

『この悲惨な世の中でくじけないために20代で大切にしたい80のこと』

『30代で逆転する人、失速する人』

『君にはもうそんなことをしている時間は残されていない』

『あの人と一緒にいられる時間はもうそんなに長くない』

『印税で1億円稼ぐ』

『年収1,000万円に届く人、届かない人、超える人』

『いつだってマンガが人生の教科書だった』

『君が思うより人生は短い』

『作家になる方法』

『大学時代に教えておいてほしかったこと』

朝日新聞出版

『人生は「童話」に学べ』

海竜社

『本音でシンプルに生きる！』

『誰よりもたくさん挑み、誰よりもたくさん負けろ！』

『一流の人生 人間性は仕事で磨け！』

『大好きなことで、食べていく方法を教えよう。』

Gakken

『たった2分で凹みから立ち直る本』

『たった2分で、決断できる。』

『たった2分で、やる気を上げる本。』

『たった2分で、道は開ける。』

『たった2分で、自分を変える本。』

『たった2分で、自分を磨く。』

祥伝社

『「自分の名前」で勝負する方法を教えよう。』

新日本保険新聞社

『勝つ保険代理店は、ここが違う！』

すばる舎

『今から、ふたりで「5年後のキミ」について話をしよう。』

『「どうせ変われない」とあなたが思うのは、「ありのままの自分」を受け容れたくないからだ』

星海社

『「やめること」からはじめなさい』
『「あたりまえ」からはじめなさい』
『「デキるふり」からはじめなさい』

青春出版社

『どこでも生きていける 100年つづく仕事の習慣』
『「今いる場所」で最高の成果が上げられる100の言葉』
『本気で勝ちたい人は やってはいけない』
『僕はこうして運を磨いてきた』
『「独学」で人生を変えた僕がいまの君に伝えたいこと』

清談社Publico

『一流の人が、他人の見ていない時にやっていること。』
『一流の人だけが知っている、他人には絶対に教えない この世界のルール。』
『一流の人が、他人に何を言われても やらなかったこと。』
『29歳までに知っておきたかった100の言葉』
『39歳までに知っておきたかった100の言葉』

総合法令出版

『20代のうちに知っておきたい お金のルール38』
『筋トレをする人は、なぜ、仕事で結果を出せるのか？』
『お金を稼ぐ人は、なぜ、筋トレをしているのか？』
『さあ、最高の旅に出かけよう』
『超一流は、なぜ、デスクがキレイなのか？』
『超一流は、なぜ、食事にこだわるのか？』
『超一流の謝り方』

かや書房

『人生を大きく切り拓くチャンスに気がつく生き方』
『成功者は「今を生きる思考」をマスターしている』

かんき出版

『死ぬまで仕事に困らないために20代で出逢っておきたい100の言葉』
『人生を最高に楽しむために20代で使ってはいけない100の言葉』
『20代で群れから抜け出すために顰蹙を買っても口にしておきたい100の言葉』
『20代の心構えが奇跡を生む【CD付き】』

きこ書房

『20代で伸びる人、沈む人』
『伸びる30代は、20代の頃より叱られる』
『仕事で悩んでいるあなたへ 経営コンサルタントから50の回答』

技術評論社

『顧客が倍増する魔法のハガキ術』

KKベストセラーズ

『20代 仕事に躓いた時に読む本』
『チャンスを掴める人はここが違う』

廣済堂出版

『はじめて部下ができたときに読む本』
『「今」を変えるためにできること』
『「特別な人」と出逢うために』
『「不自由」からの脱出』
『もし君が、そのことについて悩んでいるのなら』
『その「ひと言」は、言ってはいけない』
『稼ぐ男の身のまわり』
『「振り回されない」ための60の方法』
『お金の法則』
『成功する人は、なぜ「自分が好き」なのか？』

実務教育出版

『ヒツジで終わる習慣、ライオンに変わる決断』

秀和システム

『将来の希望ゼロでもチカラがみなぎってくる63の気づき』

『非常識な休日が、人生を決める。』
『超一流のマインドフルネス』
『5秒ルール』
『人生を変えるアウトプット術』
『死ぬまでお金に困らない力が身につく25の稼ぐ本』
『世界に何が起こっても自分を生ききる25の決断本』
『10代で知っておきたい 本当に「頭が良くなる」ためにやるべきこと』

永岡書店

『就活で君を光らせる84の言葉』

ナナ・コーポレート・コミュニケーション

『15歳からはじめる成功哲学』

日本実業出版社

『「あなたから保険に入りたい」とお客様が殺到する保険代理店』
『社長！この「直言」が聴けますか？』
『こんなコンサルタントが会社をダメにする！』
『20代の勉強力で人生の伸びしろは決まる』
『ギリギリまで動けない君の背中を押す言葉』
『あなたが落ちぶれたとき手を差しのべてくれる人は、友人ではない。』
『新版 人生で大切なことは、すべて「書店」で買える。』

日本文芸社

『何となく20代を過ごしてしまった人が30代で変わるための100の言葉』

ぱる出版

『学校で教わらなかった20代の辞書』
『教科書に載っていなかった20代の哲学』
『30代から輝きたい人が、20代で身につけておきたい「大人の流儀」』
『不器用でも愛される「自分ブランド」を磨く50の言葉』
『人生って、それに早く気づいた者勝ちなんだ！』
『挫折を乗り越えた人だけが口癖にする言葉』
『常識を破る勇気が道をひらく』
『読書をお金に換える技術』
『人生って、早く夢中になった者勝ちなんだ！』
『人生を愉快にする！ 超・ロジカル思考』
『自分を変える 睡眠のルール』
『ムダの片づけ方』
『どんな問題も解決する すごい質問』
『成功する人は、なぜ、墓参りを欠かさないのか？』
『成功する人は、なぜ、占いをするのか？』
『超一流は、なぜ、靴磨きを欠かさないのか？』
『超一流の「数字」の使い方』

SBクリエイティブ

『人生でいちばん差がつく20代に気づいておきたいたった1つのこと』
『本物の自信を手に入れるシンプルな生き方を教えよう。』

ダイヤモンド社

『出世の教科書』

大和書房

『20代のうちに会っておくべき35人のひと』
『30代で頭角を現す69の習慣』
『やめた人から成功する。』
『孤独になれば、道は拓ける。』
『人生を変える時間術』
『極 突破力』

宝島社

『死ぬまで悔いのない生き方をする45の言葉』
【共著】『20代でやっておきたい50の習慣』
『結局、仕事は気くばり』
『仕事がつらい時 元気になれる100の言葉』
『本を読んだ人だけがどんな時代も生き抜くことができる』
『本を読んだ人だけがどんな時代も稼ぐことができる』
『1秒で差がつく仕事の心得』
『仕事で「もうダメだ！」と思ったら最後に読む本』

ディスカヴァー・トゥエンティワン

『転職1年目の仕事術』

徳間書店

『一度、手に入れたら一生モノの幸運をつかむ50の習慣』
『想いがかなう、話し方』
『君は、奇跡を起こす準備ができているか。』

リベラル社

『人生の9割は出逢いで決まる』

『「すぐやる」力で差をつけろ』

千田琢哉

（せんだ・たくや）


愛知県生まれ。岐阜県各務原市育ち。文筆家。

東北大学教育学部教育学科卒。

日系損害保険会社本部、大手経営コンサルティング会社事業企画本部・企画室・統括室等を経て独立。コンサルティング会社では多くの業種業界におけるプロジェクトリーダーとして戦略策定からその実行支援に至るまで陣頭指揮を執る。保険業界では業界紙「保険毎日新聞」「新日本保険新聞」等で1ページ独占連載記事を長期間担当して脚光を浴びた。

のべ3,300人のエグゼクティブと10,000人を超えるビジネスパーソンたちとの対話によって得た事実とそこで培った知恵を活かし、〝タブーへの挑戦で、次代を創る〟を自らのミッションとして執筆活動を行っている。著書は本書で182冊目。

音声ダウンロードサービス「真夜中の雑談」、完全書き下ろしPDFダウンロードサービス「千田琢哉レポート」も好評を博している。


『こんな大人になりたい！』

『器の大きい人は、人の見ていない時に真価を発揮する。』

PHP研究所

『「その他大勢のダメ社員」にならないために20代で知っておきたい100の言葉』

『お金と人を引き寄せる50の法則』

『人と比べないで生きていけ』

『たった1人との出逢いで人生が変わる人、10000人と出逢っても何も起きない人』

『友だちをつくるな』

『バカなのにできるやつ、賢いのにできないやつ』

『持たないヤツほど、成功する！』

『その他大勢から抜け出し、超一流になるために知っておくべきこと』

『図解「好きなこと」で夢をかなえる』

『仕事力をグーンと伸ばす20代の教科書』

『君のスキルは、お金になる』

『もう一度、仕事で会いたくなる人。』

『好きなことだけして生きていけ』

藤田聖人

『学校は負けに行く場所。』

『偏差値30からの企画塾』

『「このまま人生終わっちゃうの？」と諦めかけた時に向き合う本。』

マガジンハウス

『心を動かす 無敵の文章術』

マネジメント社

『継続的に売れるセールスパーソンの行動特性88』

『存続社長と潰す社長』

『尊敬される保険代理店』

三笠書房

『「大学時代」自分のために絶対やっておきたいこと』

『人は、恋愛でこそ磨かれる』

『仕事は好かれた分だけ、お金になる。』

『1万人との対話でわかった 人生が変わる100の口ぐせ』

『30歳になるまでに、「いい人」をやめなさい！』

39歳《さい》までに知《し》っておきたかった100の言葉《ことば》
人生《じんせい》の成否《せいひ》を分《わ》ける「この世界《せかい》の残酷《ざんこく》な現実《げんじつ》」100

2025年4月18日　第1刷発行

著　者　千田琢哉《せんだたくや》

ブックデザイン　小口翔平＋畑中茜＋青山風音(tobufune)
DTP　江尻智行

発行人　畑 祐介
発行所　株式会社 清談社Publico
〒102-0073
東京都千代田区九段北1-2-2 グランドメゾン九段803
TEL:03-6265-6185　FAX:03-6265-6186

印刷所　中央精版印刷株式会社

ISBN 978-4-909979-77-3 C0030

清談社
Publico

https://seidansha.com/publico
X @seidansha_p
Facebook https://www.facebook.com/seidansha.publico